ORDRE DES AVOCATS DU BARREAU DE MULHOUSE

TEXTES
relatifs à l'exercice de la profession d'avocat

(Loi du 22 ventôse an XII. — Décret du 20 juin 1920. Loi du 20 février 1922.)

RÈGLEMENT INTÉRIEUR
DU BARREAU DE MULHOUSE

MULHOUSE
IMPRIMERIE ERNEST MEININGER
1922

ORDRE DES AVOCATS
DU BARREAU DE MULHOUSE

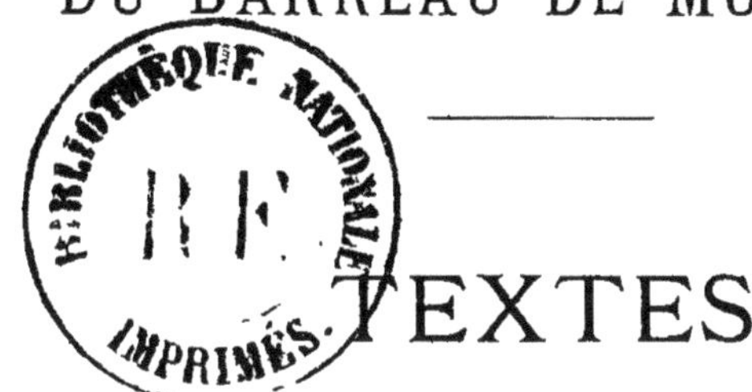

TEXTES
relatifs à l'exercice de la profession d'avocat

**(Loi du 22 ventôse an XII. — Décret du 20 juin 1920.
Loi du 20 février 1922.)**

RÈGLEMENT INTÉRIEUR
DU BARREAU DE MULHOUSE

MULHOUSE
IMPRIMERIE ERNEST MEININGER
1922

TEXTES

relatifs à la profession d'avocat

EXTRAIT

DE LA

LOI DU 22 VENTOSE AN XII (13 mars 1804)

RELATIVE AUX ÉCOLES DE DROIT

TITRE V

Du tableau des avocats près les Tribunaux

Art. 29. — Il sera formé un Tableau des avocats exerçant près les Tribunaux.

Art. 30. — A compter du 1er vendémiaire an XVII (22 septembre 1808), les avocats, selon l'ordre du tableau et, après eux, les avoués, selon la date de leur réception, seront appelés, en l'absence des suppléants, à suppléer les juges, les commissaires du Gouvernement et leurs substituts.

Art. 31. — Les avocats et avoués seront tenus, à la publication de la présente loi, et, à l'avenir, avant d'entrer en fonctions, de prêter serment, de ne rien dire ou publier, comme défenseurs ou conseils, de contraire aux lois, aux règlements, aux bonnes mœurs, à la sûreté de l'Etat et à la paix publique, et de ne jamais s'écarter du respect dû aux tribunaux et aux autorités publiques.

TITRE VII

Dispositions générales

ART. 38. — Il sera pourvu par des règlements d'administration publique à l'exécution de la présente loi et notamment à ce qui concernera : 1° ...; 2° ...; 7° la formation du Tableau des Avocats, et la discipline du Barreau ; 8° ...

DÉCRET DU 14 DÉCEMBRE 1810

ART. 1er. — En exécution de l'article 29 de la loi du 22 ventôse an XII, il sera dressé un tableau des avocats exerçant auprès de nos Cours impériales et de nos tribunaux de première instance.

ART. 46. — Notre Grand-Juge, ministre de la Justice, est chargé de l'exécution du présent décret, qui sera inséré au *Bulletin des Lois*.

NAPOLÉON.

DÉCRET DU 20 JUIN 1920

Le Président de la République française, sur le rapport du Garde des sceaux, Ministre de la Justice, vu la loi du 22 ventôse an XII et, en particulier, les articles 29 et 38 de ladite loi qui sont ainsi conçus :

Art. 29. — Il sera formé un tableau des avocats exerçant près les tribunaux.

Art. 38. — Il sera pourvu, par des règlements d'administration publique, à l'exécution de la présente loi et, notamment, à ce qui concernera.... 7° la formation du tableau des avocats et la discipline du barreau ;

Vu l'ordonnance du 20 novembre 1822 ;

Vu l'ordonnance du 27 août 1830 ;

Vu le décret du 22 mars 1852;

Vu le décret du 10 mars 1870;

Le Conseil d'Etat entendu,

Décrète :

TITRE PREMIER

Du Tableau

Art. 1er. — Les avocats qui exercent près de chaque Cour d'appel ou de chaque Tribunal de première instance ne siégeant pas au chef-lieu d'une cour d'appel, forment un Ordre des Avocats qui est soumis aux règles ci-après.

Art. 2. — Ils sont inscrits sur le tableau institué par l'article 29 de la loi du 22 ventôse an XII, d'après leur rang d'ancienneté, conformément aux dispositions de l'article 16 du présent décret et à celles du règlement intérieur prévu à l'article 46.

Art. 3. — Nul ne peut être inscrit sur le tableau des avocats au barreau d'une cour ou d'un tribunal, s'il n'exerce réellement près de cette cour ou de ce tribunal, ou s'il ne produit le certificat de stage mentionné à l'article 27. Les magistrats honoraires et les anciens magistrats ayant au moins trois ans de fonctions sont dispensés du stage.

Art. 4. — Le tableau est réimprimé au commencement de chaque année judiciaire et déposé au greffe de la Cour ou du Tribunal.

Art. 5. — Seuls ont droit au titre d'avocat les licenciés en droit qui sont régulièrement inscrits au tableau ou au stage du barreau d'une cour d'appel ou d'un tribunal de première instance. Ils doivent faire suivre leur titre d'avocat de la mention de ce barreau.

Cette disposition n'est pas applicable aux avocats au Conseil d'Etat et à la Cour de cassation.

Art. 6. — Les avocats inscrits au tableau peuvent, excepté dans les cas prévus à l'article 32, exercer leur ministère en conformité des lois et règlements et devant toutes les juridictions, sauf devant le Tribunal des conflits, le Conseil d'Etat, la Cour de cassation, la Cour des comptes et le Conseil des prises, et ce, sans autorisation et sous la seule obligation, lorsqu'ils se déplacent, de se présenter au président et au magistrat du ministère public tenant l'audience où ils plaident, ainsi qu'au bâtonnier du barreau local.

Ils peuvent également, et dans les mêmes conditions, assister leurs clients, ou les représenter, s'il y a lieu, dans les mesures d'instruction prescrites par jugement ou par ordonnance.

TITRE II

De l'organisation et de l'administration de l'Ordre

Art. 7. — L'assemblée générale des avocats de chaque barreau est composée de tous les avocats inscrits au tableau.

Art. 8. — Chaque barreau est administré par un Conseil de l'ordre des avocats dont la composition et les attributions sont déterminées ainsi qu'il suit et qui est présidé par le bâtonnier.

Art. 9. — Le Conseil de l'ordre est composé de cinq membres dans les barreaux où le nombre des avocats inscrits est de six à trente; de sept, si le nombre des avocats inscrits est de trente et un à cinquante; de neuf, si ce nombre est de cinquante et un à cent; de quinze, s'il est supérieur à cent; de vingt-quatre à Paris.

Art. 10. — Les membres du Conseil de l'ordre des avocats exerçant près de chaque cour ou tribunal sont élus directement par l'assemblée générale des avocats inscrits au tableau. L'élection est faite au scrutin de liste, à la majorité absolue des suffrages des membres présents.

Art. 11. — Peuvent seuls être élus membres du Conseil de l'ordre, à Paris, les avocats qui sont inscrits au tableau depuis dix ans, et, dans les barreaux des chefs-lieux de cour d'appel ainsi que dans ceux qui comprennent plus de vingt membres, les avocats ayant cinq ans d'inscription audit tableau.

Est inéligible l'avocat qui a été privé temporairement, dans les conditions spécifiées à l'article 32, du droit de faire partie du conseil de l'ordre.

Art. 12. — Dans les barreaux où le nombre des avocats inscrits au tableau est inférieur à six, les fonctions du conseil de l'ordre sont remplies par le tribunal de première instance.

Art. 13. — Le Bâtonnier de l'Ordre est élu, dans tous les barreaux, par l'assemblée générale de l'ordre, par scrutin séparé, à la majorité absolue des suffrages des membres présents. Il est procédé à l'élection du bâtonnier avant celle des membres du conseil.

Art. 14. — Les élections générales ont lieu à l'époque et pour le temps fixés par le règlement intérieur de chaque barreau. Les élections partielles sont faites dans le mois de l'événement qui les rend nécessaires. Toutefois, si cet événement survient pendant les vacances judiciaires ou dans le mois qui les précède, il n'est procédé aux élections qu'après la rentrée judiciaire.

Art. 15. — Les avocats inscrits au tableau peuvent déférer les élections à la cour d'appel dans le délai de cinq jours à partir desdites élections.

Le procureur général a le même droit dans le délai de quinze jours à partir de la notification qui lui a été faite, par le bâtonnier, du procès-verbal des élections.

Art. 16. — Les attributions du conseil de l'ordre consistent : 1° à statuer sur les difficultés relatives à l'inscription au tableau des avocats, sur l'admission au stage des licenciés en droit qui ont prêté serment devant les cours d'appel, sur l'inscription au tableau des avocats stagiaires après l'accomplissement de leur stage, ainsi que sur l'inscription et sur le rang des avocats qui, ayant déjà été inscrits au tableau et ayant abandonné l'exercice de leur profession, se présentent de nouveau pour la reprendre ; 2° à maintenir les principes de modération, de désintéressement et de probité sur lesquels repose l'ordre des avocats et à exercer la surveillance que l'honneur et l'intérêt de l'Ordre rendent nécessaires ; 3° à s'occuper de toute question intéressant l'exercice de la profession d'avocat, notamment en ce qui concerne la défense des droits des avocats et la stricte observation de leurs devoirs professionnels ; 4° à gérer les biens de l'Ordre, à administrer et à utiliser les ressources de l'Ordre pour assurer les secours attribués aux membres du barreau, à leurs veuves ou à leurs enfants, soit par prestation directe, soit par la constitution d'une caisse de retraites ; 5° à autoriser le bâtonnier à ester en justice, à accepter tous dons et legs faits à l'Ordre, à transiger ou à compromettre, à consentir toutes aliénations ou hypothèques et à contracter tous emprunts.

Art. 17. — Le conseil de l'ordre statue sur la demande d'inscription au tableau dans les deux mois à partir de la réception de ladite demande.

La décision du conseil de l'ordre portant refus d'inscription est notifiée à l'intéressé qui peut la déférer à la cour d'appel dans le délai de deux mois à partir de cette notification.

A défaut de notification d'une décision, dans le mois qui suit l'expiration du délai imparti au conseil de l'ordre pour statuer, l'intéressé peut considérer sa demande comme rejetée et se pourvoir ainsi qu'il est dit au paragraphe précédent.

Art. 18. — Le bâtonnier représente l'ordre des avocats dans tous les actes de la vie civile.

Il peut déléguer tout ou partie de ses attributions à un ou plusieurs membres du conseil.

Art. 19. — Dans les barreaux ne comprenant pas plus de vingt avocats inscrits au tableau, l'assemblée générale des avocats délibère sur les questions et dans les conditions mentionnées à l'article 21.

Art. 20. — Lorsque le barreau se compose de plus de vingt membres, les avocats inscrits au tableau sont répartis en colonnes ou sections.

Il est formé deux colonnes si le nombre des avocats inscrits est de plus de vingt et ne dépasse pas cinquante; quatre, si le nombre est de plus de cinquante et n'est pas supérieur à cent; de sept à vingt, si le tableau comprend plus de cent avocats.

Art. 21. — L'assemblée générale, dans le cas prévu à l'article 19, et les colonnes dans les cas prévus à l'article 20, se réunissent deux fois par année, autant que possible dans les mois de décembre et de mai, sous la présidence du bâtonnier ou d'un membre du conseil de l'ordre, ou, à leur défaut, du plus ancien des avocats présents, dans l'ordre du tableau.

Elles ne peuvent examiner que les questions qui leur sont soumises soit par le conseil, soit par un de leurs membres, à la condition qu'il en ait informé le conseil quinze jours à l'avance.

Les vœux émis dans les colonnes sont transmis au conseil avec l'indication du nombre de suffrages qu'ils ont réunis.

Le conseil en délibère dans le délai de trois mois, non compris les vacances judiciaires. En cas de rejet, le conseil motive sa décision.

Les décisions du conseil sont portées à la connaissance des plus prochaines réunions de colonnes. Elles sont consignées sur un registre spécial tenu à la disposition de tous les avocats inscrits.

TITRE III

Du stage

Art. 22. — Toute personne qui demande son admission au stage d'un barreau est tenue de fournir au conseil de l'ordre : son diplôme de licencié en droit, les pièces justificatives établissant sa qualité de Français et son état civil, ainsi qu'un extrait de son casier judiciaire.

Une enquête sur la moralité du postulant est faite par les soins du conseil de l'ordre.

Art. 23. — Les postulants doivent, avant d'être admis au stage, et sur la présentation du bâtonnier de l'ordre, prêter, devant la cour d'appel, serment en ces termes :

« Je jure de ne rien dire ou publier, comme défenseur ou conseil, de contraire aux lois, aux règlements, aux bonnes mœurs, à la sûreté de l'Etat et à la paix publique et de ne jamais m'écarter du respect dû aux tribunaux et aux autorités publiques. »

Art. 24. — L'admission au stage est prononcée par le conseil de l'ordre.

Les dispositions de l'article 17 qui précède sont applicables à la décision portant refus d'admission au stage.

Art. 25. — Les avocats stagiaires sont inscrits sur une liste du stage d'après la date de leur admission.

Lorsque le nombre des avocats stagiaires inscrits à un barreau est supérieur à vingt, ceux-ci sont répartis en colonnes spéciales de stage, présidées par le bâtonnier ou par un membre du conseil de l'ordre, et dont le nombre et le fonctionnement sont déterminés par le règlement intérieur.

Art. 26. — Le stage comporte nécessairement : 1° l'assiduité aux exercices du stage organisés, conformément aux dispositions du règlement intérieur de chaque barreau, soit sous la présidence du bâtonnier, lorsqu'il n'existe pas de colonnes, soit sous celle des présidents des colonnes ; 2° la participation aux travaux de la conférence du stage dans les barreaux où elle existe ; 3° la fréquentation des audiences. Il comporte, en outre, autant que possible, le travail, soit dans un cabinet d'avocat, soit dans une étude d'avoué ou de notaire, soit aux parquets des cours ou tribunaux, le conseil de l'ordre devant prendre les mesures nécessaires pour faciliter l'exécution de cette disposition.

Le licencié en droit admis au stage ne peut prendre le titre d'avocat qu'en le faisant suivre du mot *stagiaire*.

L'avocat stagiaire est autorisé à plaider, sauf pendant le temps où il est inscrit comme clerc sur la liste du stage d'une étude d'avoué ou sur le registre du stage tenu par la chambre de discipline des notaires.

La durée du stage est de trois années, mais peut, exceptionnellement, à la demande de l'avocat stagiaire, être portée à cinq ans.

Art. 27. — A l'expiration du délai du stage, un certificat constatant l'accomplissement dudit stage est délivré, s'il y a lieu, au stagiaire, par le bâtonnier.

Si le bâtonnier estime que le stagiaire n'a pas satisfait aux obligations résultant des prescriptions de l'article 26, il peut, après l'avoir entendu, prolonger le stage deux fois d'une année.

A l'expiration de la cinquième année, le certificat est, dans tous les cas, délivré ou refusé.

Le refus de certificat ne peut être prononcé que par une décision motivée du conseil de l'ordre.

Cette décision peut être déférée à la cour d'appel dans les conditions fixées à l'article 17.

Art. 28. — Les avoués, licenciés en droit, qui, après avoir donné leur démission, se présentent pour être admis dans l'ordre des avocats, sont soumis au stage. S'ils ont exercé la profession pendant cinq ans, le stage peut être réduit.

Art. 29. — Le stage peut être fait en divers cours ou tribunaux sans qu'il puisse être néanmoins interrompu pendant plus de trois mois.

S'il est effectué devant un ou plusieurs tribunaux de première instance, il ne peut servir ni pour compléter le stage devant une cour, ni pour obtenir l'inscription au tableau des avocats d'une cour.

Toutefois, les conseils de l'ordre des barreaux établis près les cours d'appel peuvent accorder une diminution de la durée du stage aux avocats ayant accompli tout ou parti d'un stage devant un tribunal de première instance.

Art. 30. — Les secrétaires de la conférence du stage des avocats sont désignés par le conseil de l'ordre parmi les avocats stagiaires, à la suite d'un concours auquel ne peuvent prendre part ceux qui ont été frappés d'une peine disciplinaire.

TITRE IV

De la Discipline

Art. 31. — Le conseil de l'ordre, siégeant comme conseil de discipline, poursuit et réprime, d'office ou sur les plaintes qui lui sont adressées, les infractions et les fautes commises par les avocats inscrits au tableau des avocats ou sur la liste du stage. Il applique, s'il y a lieu, les peines disciplinaires édictées par l'article 32 ci-après.

ART. 32. — Les peines disciplinaires sont:

L'avertissement;

La réprimande;

L'interdiction temporaire, laquelle ne peut excéder une année;

La radiation du tableau des avocats ou de la liste du stage.

L'avertissement, la réprimande et l'interdiction temporaire peuvent comporter, en outre, la privation, par la décision qui prononce la peine disciplinaire du droit de faire partie du conseil de l'ordre pendant une durée n'excédant pas dix ans.

L'avocat radié ne peut se faire inscrire au tableau ou au stage d'aucune juridiction dans le ressort de la cour d'appel où il exerçait sa profession.

Lorsqu'il est inscrit à un autre barreau, il ne peut exercer son ministère que dans le ressort de la juridiction près de laquelle ce barreau est établi.

L'admission au tableau ou au stage d'un avocat anciennement rayé est portée, dans les trois jours, à la connaissance du ministère public, qui a deux mois pour interjeter appel.

ART. 33. — Aucune peine disciplinaire ne peut être prononcée sans que l'avocat inculpé ait été entendu, ou appelé, avec délai de huitaine.

ART. 34. — Dans les barreaux où les fonctions du conseil de discipline sont exercées par le tribunal, celui-ci ne peut prononcer une peine disciplinaire qu'après avoir pris l'avis écrit du bâtonnier.

Art. 35. — Toute décision du conseil de discipline est notifiée, par le bâtonnier, à l'avocat qui en a été l'objet, dans les dix jours de sa date.

Les décisions du même conseil comportant interdiction temporaire ou radiation, sont transmises, dans les trois jours, au procureur général qui en assure et en surveille l'exécution.

Art. 36. — Le procureur général peut, quand il le juge nécessaire, requérir qu'il lui soit délivré une expédition des décisions comportant avertissement ou réprimande.

Il peut également demander une expédition de toute décision par laquelle le conseil de discipline a prononcé l'absolution de l'avocat inculpé.

Art. 37. — Si la décision disciplinaire est rendue par défaut, l'avocat condamné peut former opposition, dans le délai de cinq jours à dater de la notification à personne de la décision, et, si la notification n'est pas faite à personne, dans les trente jours de la notification de cette décision.

L'opposition est reçue par simple déclaration au Secrétariat de l'Ordre qui en délivre un récépissé.

Art. 38. — Lorsque la décision prononçant l'avertissement ou la réprimande a, en outre, privé l'avocat qui en a été l'objet du droit de faire partie du conseil de l'ordre, et dans les cas d'interdiction temporaire ou de radiation, l'avocat condamné peut interjeter appel devant la cour d'appel du ressort.

Le droit d'appeler des décisions rendues par les conseils de discipline appartient, dans tous les cas, aux procureurs généraux.

Art. 39. — L'appel, soit du procureur général, soit de l'avocat condamné, n'est recevable qu'autant qu'il a été formé dans les dix jours de la notification qui leur a été faite, par le bâtonnier, de la décision du conseil de discipline. Toutefois, en cas de décision par défaut, ce délai ne court qu'à compter de l'expiration des délais d'opposition.

Art. 40. — Les cours d'appel statuent sur la peine en assemblée générale et dans la chambre du conseil. A la Cour de Paris, l'appel est porté devant une assemblée composée des trois premières chambres.

Art. 41. — Tout manquement, de la part d'un avocat, dans ses plaidoiries ou dans ses écrits, aux obligations que lui impose le serment professionnel auquel il est astreint en exécution de l'article 23, est réprimé immédiatement, sur les conclusions du ministère public, par le tribunal saisi de l'affaire, lequel prononce l'une des peines prévues à l'article 32.

Art. 42. — Il n'est point dérogé, par les dispositions qui précèdent, au droit qu'ont les tribunaux de réprimer les fautes commises, à leur audience, par les avocats.

ART. 43. — L'exercice du droit de discipline ne met point obstacle aux poursuites que le ministère public ou les parties civiles se croient fondés à intenter devant les tribunaux pour la répression des actes constituant des délits ou des crimes.

TITRE V

Dispositions générales et transitoires

ART. 44. — L'avocat régulièrement nommé d'office par le bâtonnier ou par le président de la cour d'assises ne peut refuser son ministère sans faire approuver ses motifs d'excuse ou d'empêchement par le bâtonnier ou par le président. En cas de non-approbation, et si l'avocat persiste dans son refus, le conseil de discipline prononce l'une des peines indiquées à l'article 32 ci-dessus.

ART. 45. — La profession d'avocat est incompatible avec toutes les fonctions de l'ordre judiciaire, à l'exception de celle de suppléant non rétribué, avec les fonctions de préfet, de sous-préfet et de secrétaire général de préfecture, avec celles de greffier, de notaire et d'avoué, avec les emplois à gages et ceux d'agent comptable, avec toute espèce de négoce. En sont exclues toutes personnes exerçant la profession d'agent d'affaires ou dont le conjoint exerce cette profession.

ART. 46. — Chaque barreau doit, dans les six mois de la publication du présent décret, arrêter les dispositions de son règlement intérieur dont copie est transmise au premier président de la cour d'appel, au procureur général, au président du tribunal et à chacun des avocats inscrits au tableau ou stagiaires.

Le procureur général est en droit, quand il le juge utile, de déférer ces règlements intérieurs à la cour d'appel qui peut, après audition du bâtonnier, annuler celles de leurs dispositions qui sont contraires à la loi.

Une copie du règlement intérieur est déposée au greffe de chaque juridiction auprès de laquelle est établi un barreau et tenue à la disposition de tout intéressé.

Art. 47. — Le titre d'avocat honoraire peut être conféré par le conseil de l'ordre aux avocats qui ont été inscrits au tableau pendant trente ans et qui ont donné leur démission.

Les avocats honoraires restent soumis à la juridiction disciplinaire du conseil de l'ordre.

Leurs droits et leurs devoirs sont déterminés par le règlement intérieur.

Art. 48. — Les ordonnances du 20 novembre 1822 et du 27 août 1830 et les décrets du 22 mars 1852 et du 10 mars 1870 sont abrogés, ainsi que toutes les dispositions contraires au présent décret.

Art. 49. — Par dérogation à l'article 5, paragraphe 1er, et à titre transitoire, les licenciés en droit ayant prêté serment et non inscrits au barreau d'une cour d'appel ou d'un tribunal de première instance, qui, antérieurement à la date de la publication du présent décret, auront pris habituellement le titre d'avocat, pourront conserver cette dénomination.

Toutefois, ne bénéficieront pas de la disposition exceptionnelle qui précède, ceux qui auront été rayés par mesure disciplinaire, du tableau des avocats à un barreau et les anciens officiers ministériels destitués.

Art. 50. — Par dérogation à l'article 9, le nombre des membres du conseil de l'ordre sera, à Paris, pour l'année judiciaire 1920-1921, de vingt-deux.

A titre exceptionnel, et par dérogation au même article, pendant les cinq années judiciaires qui suivront la date de la publication du présent décret, les conseils de l'ordre seront composés de trois membres dans les barreaux où le nombre des avocats inscrits était au moins égal à six avant le 2 août 1914 et où ce nombre se trouve réduit à cinq ou à quatre par suite du décès d'avocats morts pour la France au cours de la guerre.

Pendant ladite période de cinq années, il ne sera pas fait application aux barreaux mentionnés au paragraphe qui précède de la disposition de l'article 12 ci-dessus.

Art. 51. — La disposition de l'article 26, paragraphe 2, n'est pas applicable aux avocats stagiaires déjà admis au stage à la date de la publication du présent décret.

ART. 52. — Le garde des sceaux, ministre de la Justice. est chargé de l'exécution du présent décret, qui sera publié au *Journal officiël* et inséré au *Bulletin des Lois*.

Fait à la Monteillerie, le 20 juin 1920.

P. DESCHANEL.

Par le Président de la République :

Le Garde des Sceaux, Ministre de la Justice,

LHOPITEAU.

LOI

sur l'exercice de la profession d'avocat et la discipline du barreau en Alsace et Lorraine

Le Sénat et la Chambre des députés ont adopté,

Le Président de la République promulgue la loi dont la teneur suit :

Art. 1er. — Sont introduits, dans les départements de la Moselle, du Bas-Rhin et du Haut-Rhin, pour y être appliqués du jour qui va être ci-après fixé et sous les modifications qui vont suivre, les lois et décrets qui réglementent, en France, l'exercice de la profession d'avocat et la discipline du barreau.

Art, 2. — Dans le mois qui suivra la promulgation de la présente loi, il sera procédé à l'établissement des tableaux d'avocats, par le premier président et le procureur général pour le barreau de Colmar, et par le président des tribunaux de première instance et les procureurs de la République, pour les barreaux de ces tribunaux.

Les tableaux seront, aussitôt établis, déposés aux greffes.

Dans le mois de ces dépôts, un arrêté du Commissaire général de la République fixera pour chaque barreau, la date de la réunion de la première assemblée générale. Celle-ci procédera, sous la présidence de l'avocat le plus ancien, à l'élection du bâtonnier, puis à celle des membres du conseil de discipline.

La réglementation française entrera en vigueur dù jour de la première assemblée générale.

Art. 3. — Seront seuls inscrits aux tableaux, suivant l'ordre de leurs admissions au barreau d'Alsace et de Lorraine, les avocats-avoués exerçant actuellement leur profession dans le ressort du tribunal.

Art. 4. — A l'avenir, pourront se faire inscrire au tableau dans les barreaux d'Alsace et de Lorraine, outre les personnes prévues par les lois et décrets visés à l'article premier, les assesseurs qui rempliraient, au moment de la mise en application de la présente loi, les conditions exigées pour être nommé avocat-avoué.

Art. 5. — Pour l'admission au stage dans ces barreaux, sera assimilé au diplôme de licencié en droit, le grade de référendaire conféré avant le 11 novembre 1918, ou, postérieurement à cette date, par l'autorité française en Alsace et Lorraine.

Art. 6. — En outre des obligations édictées par les lois et décrets, les avocats stagiaires pourront être astreints, par le règlement intérieur de chaque barreau, aux obligations particulières résultant des usages locaux.

Art. 7. — Sont abrogées, sous les réserves contenues aux articles suivants, la loi locale du 1er juillet 1878 sur le barreau, et toutes autres dispositions contraires à la présente loi.

Art. 8. — Devant les tribunaux des départements de la Moselle, du Bas-Rhin et du Haut-Rhin, les avocats inscrits au tableau près de ces tribunaux sont admis, à l'exclusion des stagiaires, à représenter les parties, à postuler, à conclure, et, d'une manière générale, faire tous les actes de procédure. Ils exerceront ce droit de représentation dans les conditions prévues par les lois locales dont les dispositions en cette matière sont maintenues en vigueur.

Les avocats inscrits au tableau de Colmar devront faire connaître par une déclaration qui sera portée par le bâtonnier à la connaissance du procureur général, s'ils entendent exercer le droit de représenter et postuler devant la cour d'appel ou devant le tribunal de première instance.

Les avocats inscrits pourront être autorisés, par le conseil de l'ordre, ou, sur appel, par la cour d'appel, à résider au siège d'un tribunal de bailliage dans le ressort du tribunal de première instance où ils sont inscrits.

Art. 9. — Les lois locales sur les frais de procédure et les honoraires des avocats sont provisoirement maintenues en vigueur.

La présente loi, délibérée et adoptée par le Sénat et par la Chambre des députés, sera exécutée comme loi de l'Etat.

Fait à Paris, le 20 février 1922.

A. Millerand.

Par le Président de la République :

Le Garde des Sceaux, Ministre de la Justice,

Louis Barthou.

RÈGLEMENT INTÉRIEUR

DES AVOCATS AU BARREAU DE MULHOUSE

Arrêté en Assemblée générale le 20 mai 1922

TITRE PREMIER

Art. 1er. — L'avocat du Barreau de Mulhouse doit exercer réellement sa profession. Pour assurer cet exercice, il doit être inscrit au tableau et avoir, sauf les exceptions prévues par l'article 8, alinéa 3, de la loi du 20 février 1922, son domicile à Mulhouse.

Il est soumis aux règles du Barreau de Mulhouse, telles qu'elles résultent des lois, décrets, traditions et usages professionnels locaux.

Art. 2. — Les avocats remplissant les conditions fixées à l'article 1er prendront le titre d'avocats au Barreau de Mulhouse.

Art. 3. — Il sont inscrits au tableau par décision du Conseil, suivant l'ordre de leurs admissions aux Barreaux d'Alsace et de Lorraine.

Art. 4. — L'avocat du Barreau de Mulhouse peut exercer son ministère devant toutes les juridictions, sauf les limitations édictées par le décret du 20 juin 1920.

Il doit se présenter à la barre en robe; mais il pourra se conformer aux usages qui le dispenseront, dans certains cas, de cette formalité.

Lorsqu'il se déplace, il doit se présenter au Président et au magistrat du Ministère public tenant l'audience où il doit plaider, ainsi qu'au Bâtonnier du Barreau local et au confrère plaidant pour son adversaire.

TITRE II

Organisation de l'ordre

Art. 5. — Les premières élections générales prévues par l'article 2 de la loi du 22 février 1922, ont eu lieu le 20 mai 1922. Celles qui suivront seront faites à la date fixée par le Conseil.

Le Bâtonnier est élu pour deux ans. Il n'est pas rééligible aux prochaines élections, mais il reste membre du Conseil. Les membres du Conseil sont élus pour quatre ans, avec renouvellement par moitié tous les deux ans. Les membres sortants sont désignés par le sort.

L'élection du Bâtonnier précède celle des autres membres du Conseil.

Lorsqu'il devra, au cours d'un exercice, être procédé au remplacement du Bâtonnier ou d'un membre du Conseil, l'élection ne sera faite que pour le temps restant à courir avant la fin de son mandat.

Le Conseil de l'ordre nommera un secrétaire-trésorier.

Le Bâtonnier pourra déléguer tout ou partie de ses attributions à un ou plusieurs membres du Conseil de l'ordre.

Art. 6. — Les avocats inscrits se réunissent au moins deux fois par année en assemblée générale. Ils seront en outre convoqués à la demande d'au moins un quart des avocats inscrits au tableau.

Si leur nombre dépasse vingt, ils seront répartis en deux colonnes. Chacune d'elles se réunit avant l'assemblée générale, sous la présidence du Bâtonnier, d'un membre du Conseil de l'ordre ou à leur défaut du plus ancien des avocats présents, dans l'ordre du tableau. Elles ne peuvent examiner que les questions qui leur sont soumises, soit par le Conseil, soit par l'un de leurs membres. Dans ce dernier cas, le texte de ces questions devra être remis au secrétariat de l'Ordre, quinze jours à l'avance.

Les vœux émis sont transmis à l'assemblée générale, qui les soumet au Conseil de l'ordre. Celui-ci en délibère dans le délai de trois mois, nom compris les vacances judiciaires, et, en cas de rejet, motive sa décision.

Les décisions du Conseil ayant trait aux vœux, sont portées à la connaissance des plus prochaines réunions des colonnes et sont consignées sur un registre spécial, tenu à la disposition de tous les avocats inscrits.

TITRE III

Du stage

Art. 7. — Toute personne qui demande son admission au stage devra déposer au secrétariat de l'Ordre son diplôme de licencié en droit ou de référendaire, conformément à l'article 5 de la loi du

20 février 1922, les pièces justificatives de sa qualité de Français et son état civil, ainsi qu'un extrait de son casier judiciaire.

Une enquête sur la moralité du postulant sera faite par les soins du Conseil de l'ordre.

Art. 8. — Le Conseil statuera sur les conclusions du rapporteur. Si la demande est admise, le requérant prêtera devant la Cour d'appel, sur la présentation orale ou écrite du Bâtonnier, le serment prescrit par l'article 23 du décret du 20 juin 1920.

L'admission au stage sera prononcée par le Conseil. Si la demande est rejetée, la décision sera notifiée à l'intéressé dans la forme prescrite par l'article 17 du décret du 20 juin 1920.

Art. 9. — Les avocats stagiaires sont inscrits sur la liste du stage d'après la date de leur admission.

S'il y en a plus de vingt, il sont répartis en colonnes spéciales du stage. Ces colonnes sont présidées par le Bâtonnier ou par un membre du Conseil de l'ordre. Elles ont pour secrétaire l'un des secrétaires de la conférence. Elles se réunissent au moins deux fois par an, sur convocation de leur Président. Ces réunions ont pour objet de vérifier si leurs membres possèdent une connaissance suffisante des règles professionnelles et des conditions d'exercice de la profession d'avocat.

La présence des stagiaires aux réunions des colonnes est obligatoire. L'absence non justifiée entraînera des sanctions disciplinaires.

Art. 10. — La conférence du stage se réunit les jours et heures fixés par le Bâtonnier, au minimum une fois par mois. Elle est présidée par le Bâtonnier ou par un membre du Conseil délégué par lui et discute les questions portées à l'ordre du jour.

La présence des stagiaires à cette conférence est obligatoire.

La nomination des secrétaires aura lieu à la date fixée par le Conseil de l'ordre, une fois par année. Celui-ci choisira les secrétaires parmi les stagiaires ayant pris part aux exercices de la conférence. Il choisira ceux qui auront obtenu les meilleurs résultats.

L'avocat stagiaire devra, la dernière année de son stage, prendre la parole au moins une fois dans cette conférence.

Art. 11. — Le licencié en droit ou le référendaire admis au stage prend le titre d'avocat stagiaire au Barreau de Mulhouse.

Art. 12. — La durée du stage est de trois ans. Il devra s'accomplir dans un cabinet d'avocat. Toutefois l'avocat stagiaire devra faire une année de stage auprès des tribunaux ou des parquets, en tant que les autorités judiciaires s'y prêteront.

L'avocat stagiaire sera possesseur d'un livret destiné à justifier de son assiduité aux exercices du stage.

Ce livret, dont le modèle sera établi par le Conseil de l'ordre, devra être signé chaque mois par le magistrat ou par l'avocat auprès duquel le stagiaire formera son instruction professionnelle,

A l'expiration du délai du stage, l'avocat stagiaire devra justifier de connaissances suffisantes, aussi en droit local. Un certificat, constatant l'accomplissement dudit stage, est délivré, s'il y a lieu, après vérification du livret d'assiduité et au vu de toutes justifications utiles, au stagiaire par le Bâtonnier. Si celui-ci estime que le stagiaire n'a pas satisfait aux obligations qui lui sont imposées, il peut, après l'avoir entendu, prolonger le stage deux fois d'une année.

A l'expiration de la cinquième année, le certificat est en tous cas délivré ou refusé.

Le refus du certificat est prononcé par une décision motivée du Conseil de l'ordre.

TITRE IV

De la discipline

Art. 13. — Le Conseil de l'ordre, siégeant comme Conseil de discipline, avec les deux tiers au moins de ses membres, a juridiction sur les avocats inscrits au tableau ou au stage et sur les avocats admis à l'honorariat.

Quand il estime qu'une des peines prévues aux articles 32 et suivants du décret du 20 juin 1920 peut être prononcée, il nomme un rapporteur et entend les témoins, conformément aux usages locaux.

Art. 14. — Les décisions rendues par défaut ne seront portées à la connaissance du Procureur général qu'à l'expiration des délais d'opposition visés par l'article 37 du décret. Ces délais sont de cinq jours en cas de notification à personne, et de trente jours si la notification n'est pas faite à personne.

Art. 15. — Dans le cas où, par application des articles 41 et 42 du décret, un avocat serait menacé à l'audience des réquisitions du ministère public, sa défense doit être assurée. A cet effet, le Bâtonnier devra immédiatement être prévenu de l'incident, soit par l'avocat lui-même, soit par le confrère le plus ancien à la barre.

Art. 16. — En matière disciplinaire il sera procédé comme suit : Après avoir demandé des explications à l'intéressé, le Bâtonnier saisit, s'il y a lieu, le Conseil, qui peut décider la poursuite, le non-lieu ou prescrire des mesures d'instruction complémentaires.

S'il décide la poursuite, le Conseil indique les faits reprochés, qui seront énoncés dans la citation. Il fixe le jour de la comparution en observant le délai de huitaine exigé par l'article 33 du décret du 20 juin 1920.

Art. 17. — Le secrétaire rédige la citation. Il la notifie sous pli recommandé, avec avis de réception (art. 33 du décret).

Art. 18. — L'inculpé et son conseil ont le droit de prendre communication avant l'audience, dans le cabinet du Bâtonnier, de toutes les pièces de la procédure.

Art. 19. — A la séance, le Bâtonnier expose les faits et interroge l'inculpé. Celui-ci et son conseil sont entendus dans leurs explications.

Art. 20. — La délibération a lieu dans l'ordre du tableau, en commençant par le dernier inscrit et en finissant par le Bâtonnier.

L'arrêt est rendu soit à cette séance même, soit à une séance ultérieure, dont il porte la date.

Il est signé au registre par le Bâtonnier et par le secrétaire.

Art. 21. — Le Bâtonnier le notifie à l'intéressé par lettre recommandée, avec avis de réception (art. 35 du décret).

Art. 22. — Au cas où l'arrêt est rendu par défaut, la notification est faite par ministère d'huissier.

L'opposition est formée par une déclaration adressée au Bâtonnier ou au Secrétaire, qui en donne récépissé.

L'opposition doit être jugée dans le mois de sa date, outre et non compris le temps des vacances légales.

Le Bâtonnier fixe le jour de l'audience et fait citer l'opposant. Il suffit alors qu'il y ait un délai de huitaine entre l'opposition et la comparution (art. 37 du décret).

Art. 23. — Toute décision disciplinaire comportant radiation, interdiction temporaire ou privation de l'éligibilité au Conseil, est portée sur le registre spécial prévu par l'article 21 du décret et tenu à la disposition de tous les avocats inscrits.

Art. 24. — Si plus d'un des membres du Conseil est empêché de siéger dans une affaire déterminée, les membres empêchés seront suppléés par les avocats les plus anciens par rang d'inscription, pris en dehors du Conseil.

Dispositions générales.

Art. 25. — L'avocat est tenu d'observer scrupuleusement tous les devoirs que lui imposent les règles et traditions professionnelles envers les magistrats, envers ses confrères, envers ses clients.

Afin d'assurer entre le Barreau de Mulhouse et les autres barreaux une unité de vues et de principes, il lui est permis d'adhérer à des associations professionnelles pour la défense de ses intérêts.

Art. 26. — L'avocat commis d'office ne peut refuser son ministère, sans faire approuver les motifs d'excuse par le Bâtonnicr qui, seul, peut le relever de sa commission.

Art. 27. — Tout avocat qui reçoit l'offre d'une clientèle ou d'un dossier, doit s'assurer, s'il doit succéder à un confrère, que celui-ci a été complètement désintéressé.

Art. 28. — Toute recherche de clientèle, démarche ou réclame est interdite à l'avocat, soit qu'elle émane directement de lui, soit qu'elle soit faite par des tiers pour son compte.

Art. 29. — Il est interdit à un avocat de se mettre en rapport avec la partie adverse pour laquelle un confrère est constitué.

Art. 30. — S'il surgit une difficulté entre avocats, leur devoir est d'en saisir avant tout le Bâtonnier. S'il surgit une difficulté entre avocat et magistrat, l'ovocat devra, sans aggraver le conflit, en saisir le

Bâtonnier ou le membre du Conseil le plus ancien présent au Palais.

Art. 31. — Les avocats du Barreau de Mulhouse inscrits au tableau sont admis, à l'exclusion des stagiaires, à représenter les parties, à postuler, à conclure et d'une manière générale à faire tous les actes de procédure devant les tribunaux des départements de la Moselle, du Bas-Rhin et du Haut-Rhin. Ils exerceront ce droit de représentation dans les conditions prévues par les lois locales, dont les dispositions en cette matière sont maintenues en vigueur.

Art. 32. — Les frais et honoraires des avocats du Barreau de Mulhouse sont déterminés par les lois locales.

Art. 33. — L'exercice de la profession d'avocat est incompatible avec toute occupation de nature à porter atteinte à son indépendance et à sa dignité.

Les traditions et usages locaux sont intégralement maintenus dans celles de leurs dispositions, qui ne sont pas contraires au décret du 20 juin 1920 et à la loi du 20 février 1922.

Art. 34. — L'avocat inscrit au tableau doit payer une cotisation dont le chiffre est fixé par l'assemblée générale.

Jusqu'à nouvel ordre elle est fixée à cent francs par an.

L'assemblée générale fixera de même le droit d'inscription à payer lors de l'admission.

Jusqu'à nouvel ordre ce droit est fixé à deux cents francs.

Art. 35. — Le titre d'avocat honoraire peut être conféré par le Conseil de l'ordre aux avocats qui ont été inscrits aux tableau pendant trente ans et qui ont donné volontairement leur démission.

L'avocat honoraire s'engagera à ne faire aucun acte rentrant dans la profession d'avocat.

L'honorariat ne pourra être refusé sans que le demandeur ait été entendu ou appelé avec un délai de huitaine et sous réserve d'appel.

Sont exclus ceux qui exercent ou ont exercé la profession d'agent d'affaires.

L'avocat honoraire peut prendre part aux réunions et aux cérémonies de l'ordre, à l'exception des assemblées générales convoquées en vue des élections du Bâtonnier et des membres du Conseil. Il peut revêtir en ces occasions, s'il y a lieu, le costume d'avocat. Il a droit d'accès à la bibliothèque. Il est astreint au paiement d'une cotisation dont le montant est fixé par le Conseil. L'avocat honoraire est soumis à la juridiction disciplinaire du Conseil de l'ordre.

www.ingramcontent.com/pod-product-compliance
Ingram Content Group UK Ltd.
Pitfield, Milton Keynes, MK11 3LW, UK
UKHW022317170726
13837UKWH00005BA/2040

9 782329 195339